Magia Blanca

para el hogar

Si este libro le ha interesado y desea que lo mantengamos informado de nuestras publicaciones, escríbanos indicándonos qué temas son de su interés (Astrología, Autoayuda, Naturismo, Nuevas terapias, Espiritualidad, Tradición, Qigong, PNL, Psicología práctica, Tarot...) y gustosamente lo complaceremos.

Puede contactar con nosotros en
comunicacion@editorialsirio.com

EDITORIAL SIRIO, S.A.	**EDITORIAL SIRIO**	**ED. SIRIO ARGENTINA**
C/ Panaderos, 14	Nirvana Libros S.A. de C.V.	C/ Paracas 59
29005-Málaga	Camino a Minas, 501	1275- Capital Federal
España	Bodega nº 8 , Col. Arvide	Buenos Aires
	Del.: Alvaro Obregón	(Argentina)
	México D.F., 01280	

www.editorialsirio.com
E-Mail: sirio@editorialsirio.com

I.S.B.N.: 978-84-96595-23-1
Depósito Legal: B-21.896-2009

Impreso en los talleres gráficos de Romanya/Valls
Verdaguer 1, 08786-Capellades (Barcelona)

Printed in Spain

LLUM MONTAGUE

Magia Blanca

para el hogar

HOJAS ✦ DE LUZ
EDITORIAL

INTRODUCCIÓN

El presente manual está estructurado en dos partes. En la primera encontrarás algunos rituales destinados a mejorar tu vida familiar y económica, así como tu salud y tu hogar en general. Algunos tienen como objetivo ayudarte a superar ciertas condiciones físicas, mentales y emocionales, y otros se ocupan de asuntos más materiales, como la protección del hogar, la búsqueda de trabajo o los problemas jurídicos. La mayoría de estos rituales provienen de diferentes tradiciones europeas: gitana, húngara, escandinava, alemana, galesa, celta o rusa, e incluso hay algunos que datan de la época del Imperio romano, o de la antigua Persia, y otros cuyo origen se pierde en el tiempo. Pero también hallarás rituales más modernos y otros procedentes de culturas no europeas, como la china, africana o sudamericana. Observarás que los rituales de origen europeo y chino se basan en una adecuada combinación de los cuatro elementos: tierra, agua, fuego y aire, así como en el conocimiento de las propiedades mágicas de algunos objetos, y que la manifestación del resultado deseado se produce a través de este reequilibrio entre los elementos. Algunas culturas tienen sus propios elementos mágicos; por ejemplo, la gitana es muy proclive a utilizar cabellos, uñas, puntas de hierro, herraduras, ajos y vinagre en sus rituales; la magia galesa tiende más hacia el uso de hierbas y piedras con propiedades ocultas, y la húngara se realiza mayoritariamente a través de pequeños conjuros que suelen finalizarse dejando los objetos utilizados en los cruces de caminos. Por otra parte, en la magia blanca llamada wicca, la africana o afroamericana, descubrimos una tendencia a seleccionar un objeto neutro con propiedades de absorción para atrapar el mal o para catalizar aquello que deseamos reforzándolo con la imaginación y algunos objetos mágicos comunes. No hay cultura desprovista de magia, y existen tantas formas de magia como culturas, pues el hombre, desde que existe sobre la faz de la tierra, ha manifestado un gran deseo por controlar las fuerzas que mueven al universo para que éste lo haga a su favor.

En la segunda parte de este libro hallarás varios listados de los objetos más comunes usados en magia blanca, acompañados de sus respectivas funciones y propiedades ocultas, para que puedas comenzar a elaborar tus propios rituales.

En la década de los noventa, en Estados Unidos, se realizó un estudio con el objeto de descubrir qué factores influyen a la hora de ser afortunado. Entrevistaron a varias personas con un largo historial de buena suerte y encontraron a una mujer con el increíble récord de ser la persona con el mayor número de premios acumulados en juegos de azar y sorteos en general en todo el país. Esta mujer estaba tan acostumbrada a ganar todo tipo de premios que, de hecho, ya no necesitaba trabajar. Sin embargo, los investigadores no hallaron ningún rasgo o característica que la diferenciara de los demás. Tampoco usaba ningún tipo de amuleto, ni practicaba ningún ritual mágico para fomentar su buena suerte. Sólo con el tiempo, cuando hablaron más detenidamente con ella, observaron que muchas de sus actividades cotidianas estaban relacionadas con los sorteos y los juegos. Por ejemplo, en el supermercado sólo compraba aquellos productos que ofrecían un sorteo con premio en metálico para el ganador, y si el premio era realmente cuantioso no le importaba llenar los muebles de su cocina con varios lotes del producto que ofrecía el premio. También enviaba todos los cupones de periódicos y revistas que sorteaban algún premio. Había convertido la suerte en su medio de vida y esta actividad le llevaba entre tres y cinco horas diarias..., es decir, se trataba de un auténtico trabajo, atípico, pero remunerado como cualquier otro. La conclusión del estudio es que la supuesta buena suerte está al alcance de quien cree que puede tenerla, de quien prueba y practica... y cuanto más, mejor.

PARTE I

Rituales de

Magia blanca

para el hogar

Vecinos

Ritual para apaciguar a vecinos conflictivos

Tus vecinos pueden proveerte de compañía y constituir una buena fuente de alegría, pero a veces también traen complicaciones y problemas. Todos sabemos qué insoportable puede llegar a ser un vecino ruidoso o con mal carácter. ¿Tienes un vecino que siempre busca enfrentamientos, que se molesta por cualquier cosa que haces, o que incluso amenaza con demandarte por cuestiones tan nimias como que tu gato ha entrado en su casa? Ata unos cuantos plátanos y una ramita de ruda con una cinta roja y cuélgalos en la parte exterior de tu casa. Nunca los metas en tu hogar. Cuando se pudran, entiérralo todo en algún descampado o en el monte, y ese vecino dejará de molestarte.

Ritual del acebo para vecinos indeseables

En un papel marrón escribe nueve veces el nombre de ese vecino que te hace la vida imposible. Si tienes algo de su propiedad, como un botón, un cabello o un trozo de uña, ponlo también sobre el papel. Mete el papel doblado dentro de un tarro de cristal y pon encima algunas hojas de acebo. Vierte en el tarro un café bien cargado hasta cubrir el acebo y el papel. Cierra el tarro y escóndelo en tu casa.

Ritual para evitar a los vecinos conflictivos

Coloca una ristra formada por nueve cabezas de ajo detrás de la puerta principal de tu casa si no quieres ser el objetivo de los vecinos problemáticos y conflictivos. Este ritual también es adecuado para evitar en tu hogar cualquier tipo de problema proveniente del exterior.

Ritual de la orina para que los vecinos conflictivos se trasladen

Si realmente ya no soportas más a tus vecinos, puedes conseguir que se vayan a vivir a otro lugar con la ayuda de este antiguo ritual. Cuando la luna esté en fase creciente, mezcla tu orina, con agua, café molido, asafétida y sal. Pon la mezcla dentro de un vaporizador y espárcela en la parte exterior de la entrada principal de su casa. Repite este ritual durante una semana y pronto comenzarán a preparar las maletas.

Ritual para que tus vecinos se trasladen

Dibuja una casa en una hoja de papel y después haz una equis grande sobre la casa, como si la tacharas. En la misma hoja de papel, pero fuera de la casa que has dibujado, escribe nueve veces el nombre de los vecinos que quieres que se trasladen. Pon el papel dentro de un tarro hermético y añade un buen chorro de vinagre de vino. Cierra el tarro y deposítalo en un contenedor de basura lejos de tu casa.

Ritual para los
vecinos pesados

¿Y qué decir de esos vecinos que no paran de visitarte, a pesar de que tú nunca tienes tiempo de recibirlos, jamás los has invitado a tu casa y además tampoco te agrada demasiado su compañía? El remedio es muy sencillo: pon una escoba en la entrada principal de tu casa, con la precaución de hacer un pequeño movimiento de dentro hacia fuera en el momento que la depositas en el suelo.

Ritual para atraer buenos vecinos

Si eres nuevo en el vecindario y tienes ganas de conocer vecinos agradables con los que pasar buenos momentos, hazte una bolsita con tela verde, llénala con lavanda y hojas de laurel y cuélgala en la parte interior de la puerta principal de tu casa. Si lo que quieres es atraer un amante dentro de tu nuevo vecindario, la bolsita ha de ser de tela roja y deberá contener laurel y pétalos de rosa.

Ritual para evitar problemas legales con los vecinos

Si reconoces que has metido la pata en la gestión de algún asunto relacionado con el vecindario y temes que algún vecino quisquilloso te demande, podrás evitarlo con este ritual. Con una tiza blanca dibuja cuatro cruces en un coco; después átalo con una cuerda negra y cuélgalo en la parte interior de la puerta principal de tu casa.

Ritual para acallar a los vecinos ruidosos

Si ya estás harto de que tu vecino ensaye con el saxofón por la noche o de las discusiones a gritos entre los miembros de la familia vecina, escribe en un papel qué es exactamente lo que te molesta (por ejemplo, «el saxofón de Francisco» o «los gritos entre José y Manuela». Después rocía el papel con unas gotas de limón y arrójalo al fuego.

Ritual para evitar a los vecinos chismosos

Coloca un espejo enfrente de la parte interior de la puerta de entrada principal de tu casa, de modo que cada vez que le abras la puerta a un vecino, sólo pueda ver su propia imagen reflejada. Con esto consigues devolverle toda esa energía cargada de intromisión de una manera sutil y discreta, pero también muy efectiva: ese espejo lo está invitando amablemente a preocuparse sólo de sus propios asuntos.

Ritual para silenciar las habladurías extendidas por el vecindario

Si has tardado demasiado tiempo en poner el espejo, quizás algún vecino con vocación de periodista de la prensa del corazón ya se ha dedicado a contar tus intimidades al vecindario y ahora estás en boca de todo el mundo. Con este ritual conseguirás que todos olviden lo que ese vecino ha contado o que nadie le crea. Enciende una vela negra y en un trozo de papel escribe, en letras mayúsculas y con un lápiz, el nombre de ese vecino tan chismoso. Debajo anota en letras minúsculas todo lo que ha ido contando sobre ti. Es importante que no te dejes nada en el tintero. Después, con una goma, borra la primera letra de su nombre y apaga la vela. Al día siguiente vuelve a encender la vela negra y borra la segunda letra de su nombre, y así sucesivamente, siempre a la misma hora, hasta que hayas borrado el nombre por completo. Ese día quema el papel con la llama de la vela y deja que ésta arda hasta consumirse. Reúne las cenizas, los restos de cera y el lápiz, y entiérralos lejos de tu casa.

Ritual para mantener alejados a los vecinos abusones

¿Tienes un vecino que ha empezado por pedirte una taza de sal y ahora te visita cada día para que le dejes el coche, le saques a pasear al perro o le prestes dinero? Si ése es tu caso, toma papel y bolígrafo, busca una vela blanca y lánzate a hacer este ritual especialmente concebido para personas así. En el papel escribe el nombre de ese vecino y todo lo que te ha pedido. Enciende la vela blanca, cierra los ojos e imagina a tu vecino llamando a la puerta de tu casa para pedirte un nuevo favor. Todavía con los ojos cerrados, visualiza la luz blanca que emana la vela haciéndose cada vez mayor. Deja que esa luz te inunde, vuelve a imaginarte a tu vecino en la puerta de tu casa y pronuncia: «No». Abre los ojos y escribe un gran «no» en el papel. Quema el papel y deja que la vela se consuma por completo. Reúne las cenizas y los restos de cera, y entiérralos cerca de la casa de tu vecino.

Ritual para aumentar tus ingresos dentro del vecindario

Este ritual está indicado para quienes trabajan en casa (masajistas, vendedores, médicos, etc.) y quieran aumentar sus ingresos ofreciendo sus servicios entre el vecindario. Quema un incienso y coloca una rama de laurel cerca para que se impregne con su olor. Después cuelga el laurel en algún lugar de la fachada de tu casa que esté cerca de la puerta principal.

Visitas

Ritual para recibir a las visitas

Si deseas que tus visitas se sientan especialmente bien durante su estancia en tu casa, haz una gran infusión de hierbabuena y lava con ella el suelo de la estancia donde se vayan a alojar. Si simplemente se trata de una cena y quieres que se muestren joviales y abiertos, prepara una infusión de nuez moscada y utilízala para limpiar el suelo del lugar donde vayáis a cenar.

Ritual para las visitas muy especiales

Si esperas una visita de alguien muy importante para ti, pero temes que tu casa no esté a la altura de las circunstancias y te sientes nervioso porque quieres que todo esté perfecto para que esa persona no se lleve una mala impresión, esconde semillas de cardamomo en los cajones o esquinas de la estancia donde vayas a recibirlo y lleva un cacahuete en tu bolsillo durante el tiempo que dure la visita.

Ritual para visitas pesadas

Si por experiencia ya sabes que la intención de esos amigos que dicen que vienen a pasar un par de días a tu casa es la de quedarse al menos durante quince días y a ti no te hace ninguna gracia esa idea, rocía con la ayuda de un vaporizador el suelo debajo de la cama donde duermen con una infusión de tormentilla. Si no se van al día siguiente, pulveriza la infusión directamente en sus sábanas.

Ritual para las visitas prolongadas

En el caso de las típicas cenas interminables, en las que tus invitados parecen no tener ninguna prisa para irse y tú te estás cayendo de sueño y deseas que se larguen de una vez, tendrás que poner discretamente una rama de tormentilla seca en cada esquina de la estancia donde estéis. También da resultado pulverizar infusión de tormentilla directamente sobre sus bolsos y abrigos. Si tus invitados no paran de hablar y lo que deseas es que se callen un poco, pero no quieres que se vayan, rocía la estancia con una infusión de cáscara de limón.

Ritual para evitar visitas no deseadas

Si una persona que no te apetece ver te acaba de llamar por teléfono diciéndote que te va a hacer una visita y tú no supiste decirle que no es el mejor momento para que lo haga, apresúrate a poner en una bolsita de tela blanca varios granos de café, una nuez, dos gotas de vinagre y un puñado de sal. Después cuélgala en la parte interior de la puerta principal de tu casa. Es muy probable que esa persona te llame para cancelar la visita.

Ritual para las fiestas caseras

Si vas a celebrar una fiesta por todo lo alto en tu casa y deseas que tus invitados se dejen la timidez en sus casas, se sumerjan inmediatamente en el ambiente festivo y se lo pasen como nunca, el día anterior a la fiesta lava los suelos con una infusión de nuez moscada, cáscara de naranja, avellana, pétalos de rosa y cardamomo. El día de la fiesta, antes de que lleguen tus invitados, quema agrimonia en la estancia donde se va a celebrar el acontecimiento y enciende una vela verde por cada uno de tus invitados. Y si quieres evitar que beban en exceso o que el alcohol no se les suba demasiado a la cabeza, asegúrate de esconder unas cuantas amatistas por el lugar.

Ritual para las visitas de tus hijos adolescentes

¿Tienes un hijo adolescente y no te gustan los amigos que a veces trae a casa porque crees que tienen algo que ver con las malas notas que ha traído el mes pasado? No podrás impedir que tu hijo se relacione con esos amigos, pero si haces una infusión de cardo y lavas con ella el suelo de su habitación, lograrás que las malas influencias no le afecten y recupere su ritmo de estudio habitual.

Ritual para visitas que vienen a pedirte dinero

¿Tienes algún familiar o amigo que siempre viene a visitarte para pedirte dinero? Si ya estás harto de prestarle un dinero que nunca te devuelve, prueba con el siguiente ritual. Necesitarás la cáscara de un huevo rota en dos mitades, cinta adhesiva, una vela verde, un trozo de papel marrón pequeño y una moneda de escaso valor. Enciende la vela y escribe en el papel marrón el nombre de esa persona nueve veces. Pega la moneda sobre el papel con la cera de la vela y debajo escribe «el único dinero que obtendrás de mí». Cuando la cera ya haya solidificado, dobla el papel todo lo que puedas y ponlo dentro de la cáscara del huevo, une las dos mitades con cuidado y pégalas con la cinta adhesiva. Para finalizar deberás enterrar el huevo cerca de su casa.

Ritual para evitar visitas

Si alguien te acaba de visitar y no quieres que vuelva a hacerlo, sólo tienes que esparcir sal, inmediatamente después de que se haya ido, sobre la zona de tu casa donde te despediste de esa persona.

Antirrobo

Ritual antirrobo
para hogares

Cuelga una ristra de doce cabezas de ajo detrás de la puerta principal de tu casa para prevenir que los amigos de lo ajeno entren a robar en tu hogar.

Ritual para ladrones de guante blanco

Si lo que temes son esos carteristas que aprovechan el menor descuido para meter la mano en tu bolso, lleva siempre una amatista en tu bolsillo o bolso para evitarlos.

Amuleto antirrobo

Tradicionalmente se ha considerado que una pequeña rama de serbal silvestre es el mejor amuleto para protegerse de todo tipo de robos y atracos. También es útil para preservarse de los vampiros energéticos y de las personas con malas intenciones. Si puedes, llévala siempre contigo.

Ritual para el personal doméstico

Si te ausentas de tu casa con frecuencia y quieres evitar que tu empleada doméstica se sienta tentada a apropiarse de algo tuyo, quema alcaravea en algún recipiente resistente al fuego y deja que tu hogar se impregne del olor que emana.

Ritual antirrobo
para las vacaciones

Si tú y tu familia os vais de vacaciones y temes que algún ladrón aproveche vuestra ausencia para entrar a robar en vuestra casa, puedes prevenirlo escondiendo un circón naranja en la estancia principal de tu vivienda. Y si lo que quieres es evitar que te roben en tu destino vacacional, date un baño con aceite esencial de vetiver antes de partir.

Ritual para que te devuelvan lo robado

Si te han robado algún objeto valioso y quieres que el ladrón se arrepienta y te lo devuelva, pon, cerca de la ventana, un objeto similar al que te han robado y una rosa roja.

Ritual para que te devuelvan el dinero robado

Unge tus manos y una piña con aceite esencial de pino. Sostén la piña entre las manos y sitúala por encima de tu cabeza. Haz girar la piña en dirección al sol y solicita que el dinero robado te sea devuelto.

Ritual para encontrar objetos perdidos

Pon tres hojas de laurel dentro de una bolsita de tela blanca y cósela por la abertura de forma que quede completamente cerrada. Ponla debajo de tu almohada y vete a dormir. A través de un sueño recordarás la ubicación de aquello que has perdido.

Vender y alquilar

Ritual para tener un casero cooperante

Si vives en una vivienda de alquiler y quieres que tu casero actúe con rapidez ante cualquier avería que se produzca en la casa, escribe su nombre nueve veces en un papel. Pon el papel dentro de una botella vacía que cierre herméticamente, y añade unas hojas de lavanda seca, un chorro de whisky y otro de agua de manantial. Esconde la botella, boca abajo, en algún rincón de tu casa donde nadie pueda verla.

Ritual de santa Marta para los problemas con el casero

Si se produce una avería o un desperfecto en tu casa de alquiler y no llegas a un acuerdo con tu casero, o si éste se queja frecuentemente sobre tu modo de vida (visitas, decoración de la casa, ruidos...), puedes conseguir que se muestre más condescendiente y cooperante si grabas el nombre de tu casero en una vela verde y se la ofreces a santa Marta.

Ritual para que tu casero sea comprensivo con los pagos

Si te ha surgido un imprevisto y no puedes pagarle a tu casero este mes, te recomiendo que, antes de pedirle que te permita aplazar el pago para dentro de unos días, practiques este ritual. Escribe el nombre de tu casero en un trozo de papel, ponlo dentro de un tarro junto con una piedra verde, agua de rosas, unas hojas de laurel y una moneda de escaso valor. Agítalo bien y escóndelo en algún rincón de tu casa. Tu casero se mostrará más indulgente contigo.

Ritual para vender tu casa

Si quieres encontrar un buen comprador para tu casa, que pague lo que pides y en un tiempo récord, esconde una figura de san José en algún rincón de tu hogar donde nadie pueda verla. La figura ha de colocarse boca abajo y nunca deberás quitarla del lugar que has elegido para esconderla, ni siquiera después de vender la casa.

Ritual para alquilar tu casa

Si vas a alquilar tu casa y te preocupa cómo se comportarán sus inquilinos en ella, enciende una vela verde grande y rodéala con cuatro velas blancas pequeñas. Alrededor de las velas blancas traza un círculo con lavanda, hojas de albahaca, azúcar y sal. Enciende también las velas blancas y deja que se consuman totalmente. Después apaga la vela verde, reúne los restos de cera blanca, la lavanda, la albahaca, el azúcar y la sal, y deposítalos en un contenedor de basura, lejos de tu casa. Guarda la vela verde y no la vuelvas a usar. Deberás conservarla durante el tiempo que los inquilinos permanezcan en la casa.

Ritual para encontrar una casa de alquiler

¿Estás buscando una casa para alquilar y no encuentras nada que te guste o que te puedas permitir? Enciende una vela verde, cierra los ojos y visualiza la vivienda que quieres. Abre los ojos y dibuja una casa en una hoja de papel. Al lado escribe el precio máximo que te puedes permitir. No importa la calidad del dibujo, lo único que has de tener en cuenta es que tenga una puerta de entrada, alguna ventana y un tejado. Consigue una llave vieja que no uses (mejor si la has encontrado en la calle) y pégala, con la ayuda de la cera de la vela, sobre la puerta de la casa que has dibujado. Una vez que la cera ha solidificado y la llave esté pegada, dobla el papel en tres partes. Vuelve a doblarlo de nuevo en sentido contrario y séllalo con la cera. Sostén en las manos el papel doblado durante unos minutos y arrójalo al fuego.

Ritual para comprar una casa

Si quieres comprar una casa nueva, este ritual te ayudará a encontrar lo que buscas. Consigue una herradura vieja y envuélvela con una cinta roja, como si la estuvieras vendando. Pega la herradura en un tablero de madera y adórnala con hojas de laurel y lavanda. Cuelga el tablero detrás de la puerta principal de tu casa.

Ritual para decidirse
por una nueva casa

Si estás viendo casas para comprar o alquilar y tienes dudas acerca de alguna de las que has visto, este ritual te ayudará a decidirte. Si la casa que has visto tiene jardín, toma de él un puñado de tierra. Si no lo tiene, toma algo sin valor perteneciente a la casa, que no sea un objeto personal de sus propietarios, como un trozo de azulejo roto, una astilla de alguna puerta, un tornillo, o incluso algo de polvo acumulado en una esquina. Guarda el puñado de tierra, la astilla o lo que sea que hayas tomado de la casa y una avellana en un trozo de tela blanca y ponlo debajo de tu cama. Al día siguiente sabrás si esa casa te conviene o no.

Ritual para el traslado

¿Has encontrado una nueva casa, pero temes que el cambio os desestabilice y os afecte negativamente? Conservarás la paz de tu antiguo hogar si antes de hacer la mudanza pasas unas hojas de consuelda y una raíz de jengibre por los muebles. El jengibre hará que tú y tu familia os adaptéis inmediatamente a vuestro nuevo hogar y la consuelda mantendrá la paz de vuestra anterior casa.

Ritual para entrar en una casa de segunda mano

Si has comprado o alquilado una casa de segunda mano, es muy importante que la purifiques antes de comenzar con el traslado. Primero coloca estratégicamente varios cardos y un poco de orégano en cada una de las estancias, y déjalos durante al menos dos días, para que absorban las influencias negativas del ambiente. Después límpiala a fondo, con las ventanas abiertas, y prestando especial atención a las esquinas. Para terminar con la limpieza, tras limpiar los suelos con un detergente común, haz una infusión de albahaca y utilízala para limpiar de nuevo los suelos de tu futuro hogar. Para finalizar, distribuye varias semillas de cardamomo por toda la casa y enciende una vela blanca en cada estancia. Si además cuelgas detrás de la puerta principal una raíz de jengibre con unas hojas de laurel, tú y tu familia os adaptaréis muy rápidamente a vuestro nuevo hogar.

Economía doméstica

Rituales para un hogar próspero

Según la tradición china, para evitar que el dinero se escape rápidamente de nuestras manos debemos mantener las tapas del retrete siempre bajadas y los desagües del lavamanos y la bañera siempre con el tapón. Pintar la parte interior de la puerta del cuarto de baño de color negro también ayuda a que el dinero no se vaya fácilmente de nuestras vidas. Lavar los cristales de las ventanas con una mezcla de amoníaco y vinagre atrae prosperidad y riquezas inesperadas a la familia que habita la casa.

Ritual para atraer el dinero que necesitas

Para este ritual, de origen gitano, precisarás cinco platos blancos, cinco velas verdes y diez monedas pequeñas. Haz un círculo con los cinco platos, llénalos de agua y pon una moneda en cada uno de ellos. Dentro de este círculo, haz otro más pequeño con las cinco velas verdes. Y dentro de éste, haz un nuevo círculo todavía más pequeño con las cinco monedas restantes. De esta forma tendrás tres círculos: el externo, formado por los platos y cinco monedas; el medio, formado por velas verdes, y el interno, de monedas. Enciende las velas y pide que el dinero que necesitas te sea concedido. Deja que las velas se consuman completamente. Si hay un cambio en la dirección del viento, significa que tu deseo se verá cumplido.

Ritual para fomentar los ahorros domésticos

Si te cuesta ahorrar y, sin embargo, deseas tener un pequeño fondo para hacer frente a los imprevistos que surjan en tu hogar, unge una moneda que hayas encontrado por la calle con unas gotas de aceite esencial de clavo y guárdala en una hucha. Coloca la hucha en un lugar donde puedas verla todos los días y proponte depositar cada día alguna cantidad de dinero en ella. Si pasas algún tiempo sin poner dinero, el ritual perderá efectividad, aunque siempre podrás «recargar» la hucha si introduces en ella una ramita de perejil.

Ritual para que el dinero de tu casa crezca

Deja cuatro monedas con una ramita de perejil al sol durante un par de horas. Coloca una moneda en cada una de las esquinas de la caja fuerte familiar. Sujétalas con cinta adhesiva para que no se desplacen y renuévalas cada mes.

Ritual de la piedra
de los deseos

Si encuentras una piedra agujereada, puedes pedir que se te conceda la cantidad de dinero que necesitas. Es importante que hayas encontrado la piedra; si es comprada, este ritual perderá su efectividad. Lava la piedra bajo el grifo y ponla al sol durante unas horas. Escribe en ella, con una tiza, la cantidad de dinero que necesitas. Al atardecer, entierra la piedra en una maceta. Entierra también un trozo de lana de color verde, y deja que sobresalga unos centímetros a la superficie. Coloca la maceta en una ventana orientada hacia el este.

Ritual para mantener tu nivel económico durante las épocas de crisis

Este ritual, de origen chino, ayudará a que las crisis económicas no te afecten ni a ti ni a tu familia. Consigue una urna o un tarro de cristal y llénalo con arroz. Esconde entre el arroz tres monedas agujereadas y unidas por un lazo rojo.

Ritual para el dinero
de las cuentas pendientes

Si a veces te olvidas de que tienes cuentas pendientes y acabas el mes en números rojos porque se te había pasado incluir ciertos gastos en tu presupuesto, consigue una caja de cartón y unge su interior con aceite esencial de clavo. Ponle también algunos clavos de olor y, a partir de ahora, acostúmbrate a guardar siempre tus facturas pendientes de pago en esa caja.

Ritual para que tu familia prospere económicamente

Consigue un puñado de tierra del jardín de un hombre rico. Cuanto más próspero sea, más efectivo resultará este ritual. Guarda la tierra dentro de un frasco de cristal y entierra una moneda dentro. Esconde el frasco en un lugar donde nadie pueda verlo.

Amuleto para los gastos imprevistos

Este amuleto está diseñado para ayudarnos a conseguir el dinero necesario para hacer frente a un gasto imprevisto. Recorta dos círculos de fieltro verde de aproximadamente cuatro centímetros de diámetro. En un billete de escaso valor, escribe la cantidad de dinero que necesitas. Cose los dos círculos de fieltro con hilo verde e introduce el billete antes de terminar de coserlos totalmente. Lleva este amuleto siempre contigo dentro de tu zapato o calcetín derecho.

Ritual para
controlar los gastos

Si estás pasando una mala racha económica y temes quedarte sin dinero para ti y tu familia, este ritual te ayudará a controlar los gastos y a mantener vuestro poder adquisitivo. Busca un tarro de cristal y llénalo hasta la mitad con semillas de sésamo. Cada vez que tengas que desembolsar una cantidad de dinero que no hayas previsto, deberás tomar unas cuantas semillas de sésamo y arrojarlas a la tierra. Si tienes ingresos extra, añade nuevas semillas al tarro.

Ritual para las situaciones financieras desesperadas

Si estás hasta el cuello de deudas, este ritual aliviará gran parte de la presión que sientes, aunque no te librará de tener que pagar el dinero que debes. Simplemente te sentirás con más fuerzas para reunir el dinero y verás la situación con una mayor claridad. Necesitarás dos velas marrones, una vela verde, una bandeja con agua, cuatro huevos, un imán, menta fresca picada y varios alfileres. Graba en las velas, con la ayuda de un alfiler, la cantidad de dinero que necesitas para pagar tus deudas. Sobre una mesa coloca la vela verde entre las dos velas marrones. Pon el imán y la menta fresca dentro de la bandeja con agua. Enciende las velas y arroja los alfileres sobre la bandeja mientras pides que te resulte fácil reunir el dinero que necesitas. Para finalizar, coloca los huevos en las esquinas de tu casa.

Ritual para superar una mala racha económica

En una cazuela con agua hirviendo, echa una cucharada de nuez moscada molida. Quita la cazuela del fuego y permite que se enfríe durante tres horas. Salpica tu cuerpo con la infusión y después date una buena ducha.

Ritual de san Antonio para recuperar un empleo

Si un miembro de tu familia ha perdido su empleo, quizás pueda recuperarlo con el siguiente ritual. Escribe en un papel el nombre del familiar que ha perdido el empleo, la posición que ocupaba, el nombre de la empresa donde trabajaba y el nombre del encargado de recursos humanos en esa empresa. Enciende una vela verde y sitúa el papel debajo. Pon una imagen de san Antonio cerca de la vela. Deja que ésta se consuma completamente y repite este ritual durante siete días.

Ritual para
mantener un empleo

Si crees que tu empleo puede peligrar, puedes protegerte encendiendo una vela verde sobre tu mesa de trabajo y atando un lazo de color rojo en una de sus patas.

Ritual de las siete velas para encontrar empleo

Si estás en el paro y deseas encontrar trabajo, hazte con siete velas verdes y graba con un alfiler el tipo de empleo que estás buscando. Es importante que seas realista y escribas uno que esté dentro de tus posibilidades. Deberás encender cada día una vela y dejar que se consuma completamente. Es mejor comenzar este ritual con la luna en fase creciente.

Ritual para conseguir
el empleo de tus sueños

Escribe en un papel el tipo de trabajo que deseas con todo lujo de detalles. Incluye el nombre del puesto al que aspiras, cuánto quieres ganar, qué horario te gustaría tener, etc. Si sabes en qué sector quieres trabajar, o incluso el nombre de la compañía donde deseas hacerlo, detállalo también. Confecciona una bolsita con tela verde y guarda el papel dentro. Añade a la bolsita varias hojas de laurel, una rama de perejil y un cacahuete, y llévala siempre contigo.

Ritual para responder a una oferta de empleo

Has leído una oferta de empleo en el periódico que se adapta a tu perfil profesional. Además, es un trabajo que te encanta, y quieres que tu carta tenga una consideración especial. Puedes lograrlo si al terminar de escribir tu carta de presentación o tu currículo, unges una vela verde con aceite esencial de avellana y la enciendes cerca de la carta. Después deberás poner sobre ella unas hojas de laurel y lavanda. Al cabo de dos horas, retira con cuidado las hierbas, apaga la vela y tu carta ya estará lista para ser enviada, leída —y considerada.

En el caso de que necesites contestar a la oferta por correo electrónico, pasa las hojas de laurel y lavanda por delante de la pantalla del ordenador.

Ritual para las
entrevistas de trabajo

Si deseas que tu entrevista de trabajo sea un éxito, toma un puñado de sal en la mano, cierra los ojos y visualiza que la entrevista se desarrolla a la perfección. Guarda la sal dentro de una bolsita de tela verde y llévala contigo a la entrevista.

Ritual para que te llamen por teléfono

¿Esperas una llamada importante y el teléfono no suena? Con este ritual puedes «recordarle» a esa persona que tiene una llamada pendiente que hacer. Si tienes una imagen de esa persona, perfecto; si no la tienes, tendrás que escribir en un papel marrón su nombre nueve veces y dejarlo al lado del teléfono. Encima del papel pon una ramita de menta fresca, un calendario de bolsillo y un reloj.

Ritual para conseguir un aumento de sueldo

Para este ritual necesitarás preparar un bizcocho en la cocina de tu casa. Asegúrate de que le pones bastante levadura y que lo preparas con la luna en fase creciente. Mientras bates la mezcla, pronuncia las siguientes palabras: «Le pido a las fuerzas del sol y de la luna que me bendigan con un aumento de salario». Antes de introducirlo en el horno coloca dentro de la masa una moneda limpia envuenta en un papel de plata y di: «Mis ingresos aumentarán como la masa de este bizcocho». Transcurrido el tiempo de cocción, retira el bizcocho del horno y déjalo que se enfríe durante toda la noche cerca de una ventana por la que entre la luz de la luna. A la mañana siguiente, retira la moneda, lleva el bizcocho a tu lugar de trabajo y compártelo con tus compañeros. Deberás guardar la moneda dentro de la cartera hasta que el aumento de sueldo se haya materializado.

Ritual para un miembro de tu familia que no quiere trabajar

Si un hijo, o tu pareja, se pasa el día aletargado en casa, tumbado en el sofá sin hacer nada, y para colmo se niega a trabajar, este ritual puede impulsarle a buscar trabajo. Busca una foto en la que aparezcáis sólo tú y ese miembro de tu familia. Escribe en la parte de atrás de la fotografía: «Yo no te debo nada». Pídele una moneda de escaso valor y pégala encima de su imagen; después busca en tu cartera una moneda del mismo valor y pégala sobre tu imagen en la foto. Corta y separa, con unas tijeras, tu imagen de la de la otra persona. Entierra en un lugar hermoso, pero lejos de tu casa, la parte de la fotografía con la imagen de tu familiar y, a partir de entonces, niégate a darle cualquier cantidad de dinero que te pida. Guarda tu imagen con la moneda en tu cartera hasta que haya encontrado un empleo.

Un hogar feliz

Ritual del cuarzo rosa

Con este ritual todos los miembros de tu familia se verán beneficiados de la armonía y la ternura que nos aporta el cuarzo rosa. Lava el mineral con agua del grifo durante unos minutos y después déjalo en una ventana donde le dé el sol durante varias horas, para cargarlo. Entierra el mineral en una planta de interior (mejor si es un ficus, una hiedra o una azucena) y sitúala en el lugar de la casa donde paséis más tiempo juntos, como el salón o el comedor.

Ritual de la planta
del dinero

Consigue un plectranto o planta del dinero y colócalo en el salón de tu casa. Haz un pequeño agujero en la tierra de la maceta con la ayuda de una cuchara de plata y deposita en él una moneda que hayas encontrado y un chorro de vino tinto. Traza un círculo con sal alrededor de la maceta y déjalo toda la noche. A la mañana siguiente puedes barrer la sal y tu planta ya estará preparada para ayudarte a mejorar tu economía.

Para prevenir los accidentes domésticos

Tradicionalmente la malaquita se ha usado para prevenir cualquier tipo de peligro o accidente. Sin embargo, donde se ha mostrado realmente efectiva es en el ámbito doméstico. Unas malaquitas colocadas estratégicamente en los lugares más concurridos de la casa protegerán a sus miembros, especialmente a los niños y ancianos, de los accidentes domésticos. Si algún miembro de tu familia muestra tendencia a sufrir accidentes, hazle llevar un colgante de malaquita alrededor del cuello. Por otra parte, este mineral también ayuda a relajar el sistema nervioso y a conciliar el sueño.

Hechizo para
prevenir incendios

Durante el Medievo, en algunas zonas de Europa, era común que en las casas hubiera un pergamino con el siguiente hechizo:

```
S A T O R
A R E P O
T E N E T
O P E R A
R O T A S
```

Se dice de este hechizo que tiene la capacidad de proteger el hogar de los incendios, si es colgado del punto más alto de la casa.

Plantas amuleto

Ciertas plantas tienen la capacidad de absorber las energías negativas de su entorno y de emitir buenas vibraciones. De la gerbera se dice que aporta felicidad al hogar. La azucena nos trae energías armoniosas y facilita la comunicación entre los miembros de una familia. La hiedra protege los matrimonios y brinda buena suerte a las parejas recién casadas. Y la palmera areca proporciona paz y creatividad a quienes están cerca de ella.

Ritual de la agripalma

Coloca agripalma seca dentro de un tarro de cristal y rodéalo con fotografías de tus familiares. Todos los miembros de tu familia se sentirán más felices y unidos. Si colocas la agripalma detrás de la puerta de entrada de tu casa, protegerás a todos los que viven en ella.

Ritual para preservar la felicidad familiar

Planta varias albahacas alrededor de tu jardín, de forma que rodeen la casa como si se tratara de una fortaleza, para que la felicidad de tu hogar no se escape y para que no entren energías negativas externas. Si no tienes jardín, plántalas en macetas y colócalas en todas las ventanas. Si lo que deseas para tu hogar es un ambiente jovial y desenfadado, planta geranios en lugar de albahaca.

Ritual de la escoba para purificar tu hogar

Si sientes que la energía de tu hogar está cargada, a causa de una enfermedad de uno de los miembros de tu familia, una discusión, un proceso judicial que os afecte o cualquier otra situación estresante, puedes disipar esas energías estancadas y perniciosas con la ayuda del siguiente ritual. Al amanecer consigue una rama de un árbol de la que salgan al menos tres ramas más pequeñas. Busca flores silvestres y ata los tallos a las ramitas más pequeñas a fin de hacerte una escoba de flores. Abre todas las ventanas de tu casa y barre el suelo con esta escoba especial, prestando especial atención a las esquinas. Cuando hayas terminado, deja tu escoba en algún cruce de caminos antes de que se ponga el sol.

Ritual para proteger
y purificar tu hogar

Para purificar la energía de tu casa y al mismo tiempo evitar que entren energías negativas y densas, quema algo de salvia en una concha o caracola marina y deja que el humo alcance todos los rincones de tu casa. Es importante que lo hagas con las ventanas abiertas a fin de que las energías estancadas encuentren un lugar por donde salir.

Amuleto para tu hogar

Un coral, especialmente si es de color rojo, colocado en el salón o el comedor protege el hogar de las disputas familiares. Ya los antiguos romanos lo usaban para mantener alejados a los espíritus negativos y tradicionalmente en China se ha venido empleando para evitar problemas relacionados con la salud mental.

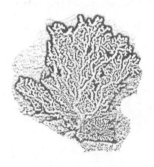

Ritual para que tus hijos se lleven bien

Consigue tantas hojas de laurel como hijos tengas y graba el nombre de un hijo en cada una con la ayuda de un alfiler. Hierve un poco de agua en una cazuela y cuece las hojas a fuego lento durante media hora. Con el alfiler graba los nombres de tus hijos en una vela rosa y enciéndela. Entierra las hojas de laurel en una maceta y planta en ella un rosal.

Las telarañas

Si observas a una araña tejiendo su red dentro de tu casa, déjala que termine con su labor porque te traerá muy buena suerte. Si por el contrario la telaraña parece estar abandonada y no se ve ninguna araña cerca, límpiala inmediatamente para evitar una racha de mala suerte.

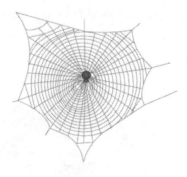

Ritual para disipar el mal temperamento

Si alguien en tu familia tiene cierta tendencia a enfadarse por cualquier cosa, y se muestra poco tolerante con otro miembro de tu familia (como puede ser el caso de un padre intransigente con la forma de vida de su hijo), puedes disipar estos ataques de rabia si en un trozo de papel escribes el nombre de ese familiar con mal temperamento y lo guardas en una bolsa de tela de color azul junto con un diente de ajo, una rama de canela y unos granos de café. Deberás esconder la bolsa en algún lugar de la estancia donde acostumbre a enfadarse con más asiduidad.

Ritual para hacer
nuevos amigos

En una noche estrellada y al aire libre, sostén seis terrones de azúcar entre las manos y muéstraselos a la estrella más brillante que veas mientras le pides que te traiga nuevas amistades. Desmenuza cinco de los terrones y espolvorea el azúcar sobre la tierra a tu alrededor. Observa primero las estrellas en el cielo y después el azúcar en la tierra como si se tratara de un pequeño mapa del firmamento. Con el sexto terrón en la mano derecha, regresa a casa. Prepárate una infusión, endúlzala con el sexto terrón y bébetela lentamente mientras observas el cielo estrellado e imaginas que cada estrella es una nueva amistad que entra en tu vida a través de la infusión.

Ritual para disipar
las peleas

Si en tu hogar se producen peleas y discusiones por cualquier motivo, esparce una mezcla de asafétida, nuez moscada en polvo y cardamomo molido en el suelo de la estancia donde las discusiones sean más frecuentes.

Ritual para purificar el ambiente después de una fuerte discusión

Ha habido una pelea entre varios miembros de tu familia y hasta el aire que respiras parece estar cargado... Además, por mucho que lo intentas, no eres capaz de olvidar los fuertes gritos y las amenazas que se produjeron hace unas horas y en la casa todavía se palpa un ambiente hostil. En ese caso, abre todas las ventanas y coloca varios cardos por toda la casa. Lava los suelos con una infusión de cardamomo y pon algunos dientes de ajo en las esquinas.

Ritual para limpiar tu hogar de las energías negativas externas

Este ritual data de la Edad Media. Deberá ser escrito sobre un pergamino de la siguiente forma:

```
A  B  R  A  X  A  S
   B  R  A  X  A  S
      R  A  X  A  S
         A  X  A  S
            X  A  S
               A  S
                  S
```

El pergamino tendrá que emplazarse en un lugar visible dentro de la casa.

Ritual para la reconciliación familiar

Este ritual promueve un hogar pacífico y las reconciliaciones entre los miembros de la familia. Mezcla azúcar moreno, polen de abejas, raíces de lirio, hojas de menta y pétalos de rosa. Ponlo todo dentro de un tarro de cristal, añade aceite de almendras dulces hasta cubrir la mezcla y remueve bien. Empapa varias bolas de algodón en este aceite y escóndelas por la casa.

Ritual para llegar a un acuerdo familiar

A veces ocurre que ante una situación concreta en la que se necesita tomar una decisión, cada miembro de tu familia tiene una opinión o una postura diferente y tú temes que estas discrepancias puedan originar discusiones o enfrentamientos. El siguiente ritual está diseñado para que todos lleguen a un acuerdo de forma rápida y satisfactoria. Necesitarás tantas velas como opiniones, y las velas han de tener un tono claro y pálido: rosa, azul celeste, verde agua, crema, etc. Si sólo hay dos posturas (por ejemplo, sí y no), lo más aconsejable es que utilices una vela azul celeste y otra rosa pálido. Enciéndelas y, según se vayan quemando, ve echando la cera en un plato. Es importante que las cantidades de cera de cada color sean similares y que vayas alternando los colores para que se mezclen al máximo y no se acumule demasiada cera de una sola tonalidad. Cuando hayas reunido una buena cantidad de cera sobre el plato, pega las dos velas, una al lado de la otra, sobre el montón de cera y déjalas hasta que se consuman completamente.

Ritual para una suegra intransigente

Si tu suegra no te acepta, no sabes qué suerte tienes ni de la que te has librado... Pero bueno, no todo el mundo piensa así y a lo mejor te apetece congraciarte con ella. Haz en un limón un agujero de un centímetro de diámetro que lo atraviese, inserta en él una rama de canela y escóndelo en algún lugar donde nadie pueda verlo. Si después de esto te conviertes en la persona de confianza de tu suegra y no para de pedirte que le hagas recados y tareas, deshazte del limón y busca en este libro el ritual para deshacer hechizos...

El rincón de
tus antepasados

Para que tu familia permanezca unida frente a los desafíos y esté dotada de una fuerza especial, dedica media pared de la estancia principal de tu casa para colocar las fotos de tus antepasados. Es esencial que todas las fotos estén debidamente enmarcadas para que esas energías no tiendan a disiparse.

Las ranas

Ya los antiguos romanos creían que las figurillas de ranas atraían la felicidad en el hogar. En China, todavía hoy pueden verse ranas de cerámica (y de plástico) de tres patas en las casas para atraer la buena suerte y la prosperidad. Coloca una figurilla de una rana en algún lugar de tu casa cercano al agua (cocina o cuarto de baño) y observarás como, en poco tiempo, tu suerte mejora.

Los peces de colores

Los antiguos egipcios, los griegos y los chinos creían que tener en casa peces de colores vivos garantizaba una larga vida a los miembros de la familia. En muchos lugares de Oriente todavía se piensa que estos peces tienen la capacidad de absorber las enfermedades que están en camino destinadas a los miembros de la familia.

Salud

Ritual de fertilidad de las nueve olas

Muchas personas que desean aumentar la familia y tienen problemas para conseguirlo terminan practicando este antiguo ritual. En la noche de san Juan, deberás ir a una playa con olas, y recibir de frente nueve golpes de mar a la luz de la luna. Si te apetece practicar el ritual, pero no tienes planes para aumentar la familia, toma sólo siete olas y te traerán felicidad para todo el año.

Ritual de fertilidad del barro

Busca una piedra pequeña blanca y llévala en tu bolsillo durante dos días. Pasado ese tiempo modela, alrededor de la piedra, una figurilla femenina de arcilla. Deja que la arcilla se seque y te acompañe durante nueve días. Al noveno día vete a un monte y cuando encuentres un lugar propicio, rompe la figurilla contra el suelo. Toma en tu mano la piedra blanca, cierra los ojos y pide que tú y tu pareja podáis pronto ser padres. Deja la piedra en el lugar donde quedó la figurilla, aléjate del lugar y no vuelvas la vista atrás.

Ritual de fertilidad galés

Para este ritual necesitarás una hoja de papel en blanco, un bolígrafo de tinta verde, un recipiente resistente al fuego, incienso de sándalo, unas cerillas y algunos granos de arroz. Enciende el incienso mientras dices: «Hierbas de la tierra, incienso del aire, bendecid este hechizo para tener pronto un hijo. Agua y fuego, manifestad mi deseo como yo quiero». Traza una línea en la hoja de papel que la divida en dos partes. En la parte derecha dibuja un autorretrato que represente tu situación presente. En la parte izquierda dibújate tal y como te gustaría verte en el futuro. Aunque la calidad del dibujo no es relevante, sí es esencial que refleje tu deseo, así que puedes añadirle palabras que tengan un significado especial para ti, como «hijo» o «familia». Corta la hoja de papel por la línea, dobla tres veces el dibujo que realizaste en la parte izquierda y guárdalo en tu bolsillo dentro de una bolsa de tela con unos granos de arroz. Quema el otro dibujo en el recipiente resistente al fuego.

Ritual para
el alcoholismo

Si algún miembro de tu familia tiene problemas con el alcohol, mezcla medio vaso de vinagre con medio vaso de su bebida favorita y guarda la mezcla en una botella. Previamente pon varias tachuelas de hierro en medio vaso de agua y cuando las tachuelas empiecen a oxidarse (aproximadamente al cabo de cuatro días), retíralas y guarda el agua: habrás fabricado «agua de hierro», un ingrediente muy común en todo tipo de rituales mágicos. Añade unas gotas de agua de hierro a la mezcla anterior que guardas en la botella y enciende una vela azul. Tapa la botella, séllala con la cera de la vela y pide que, a partir de ahora, todo el alcohol que ese familiar beba le siente mal en el estómago o que rechace su sabor. Esconde la botella donde nadie pueda verla.

Ritual para curar una adicción

Consigue nueve pelos de la persona con el problema y un objeto que represente su adicción y que puedas perforar. En el caso de la adicción al tabaco puede ser una cajetilla vacía, o un cigarrillo; en el caso del alcohol, la etiqueta de su bebida favorita, el corcho de la botella, etc. Enrolla los nueve pelos alrededor de una punta de hierro, perfora con ella el objeto elegido y clava la punta en un trozo de madera. Déjalo en un cruce de caminos y abandona el lugar inmediatamente sin volver la vista atrás.

Ritual para la depresión

En caso de depresión, pela nueve dientes de ajo y ponlos dentro de un tarro de cristal. Añade vinagre de vino hasta cubrir los ajos completamente. Deja el tarro cerca de la cama donde duermes. A la mañana siguiente, entiérralos lejos de tu casa y repite el ritual durante nueve días seguidos.

Almohada para tener sueños premonitorios

Si quieres que tus sueños te ayuden a decidir cuestiones importantes o que te adelanten lo que está a punto de ocurrirte, construye una almohada con tela blanca y rellénala con una mezcla de artemisa seca y algodón. Cose algún abalorio de plata en una de sus esquinas. Úsala sólo las noches que quieras obtener la ayuda de tus sueños.

Almohada para evitar las pesadillas relacionadas con la muerte

Si alguno de tus hijos tiene pesadillas frecuentes relacionadas con la muerte, descose su almohada habitual y pon en su interior algunas hojas de hierba mate. Cósela de nuevo y colócala en su lugar.

Ritual para evitar las pesadillas infantiles

Para mantener alejadas estas pesadillas, coloca un lapislázuli cerca de la cama (en la mesita de noche, o colgado del cabecero de la cama con un cordel) y una ramita o una planta de romero.

Ritual para los miedos infantiles

¿Tu hijo te cuenta que unos monstruos horribles le visitan por la noche y, aunque tú le dices que esos monstruos son sólo producto de su imaginación, él sigue con miedo y sin poder dormir? Prueba a quemar un poco de agrimonia en su habitación antes de que se vaya a la cama. Para obtener un mejor resultado, pon un ámbar en el cajón de su mesita de noche.

Ritual de sanación
del árbol

Ata una cinta de color rojo alrededor de la parte de tu cuerpo enferma y duerme con ella puesta. A la mañana siguiente deberás quitarte la cinta y colocarla alrededor del tronco de un árbol fuerte y sano. Ofrécele una vela y dale las gracias por absorber tu enfermedad. Es importante que el árbol que elijas sea lo suficientemente fuerte como para absorber tu enfermedad sin problemas; escoge, si es posible, un roble o un olivo.

Ritual de sanación de la magnetita

Puedes practicar este ritual con algún amigo o familiar que no se encuentre bien. Si eres tú quien está enfermo, busca a una persona de confianza que te lo haga, ya que este ritual deja de ser efectivo si es practicado en uno mismo. Necesitarás una magnetita y un caldero con agua. Pídele a la persona enferma que se siente frente a ti, toma la magnetita en tu mano y pásala por el cuerpo de la persona enferma con un único movimiento que comience en la frente y termine en los pies. Cuando llegues a los pies, arroja con fuerza la magnetita al caldero con agua. Tómala de nuevo y repite el procedimiento anterior hasta hacer un total de cincuenta pases. Después deshazte del agua arrojándola en algún cruce de caminos. Puedes volver a usar la magnetita cuantas veces quieras si tras el ritual la lavas bajo el agua del grifo, la pones a cargar al sol un par de horas y la guardas en una bolsa de tela roja en un lugar tranquilo.

Ritual de sanación
de la piedra

Para este ritual necesitarás una piedra verde, una vela verde, una barra de incienso, unas hojas de albahaca, algunas semillas de girasol, unas gotas de aceite de oliva, un puñado de sal, un trozo de tela blanca y un cuenco de cristal con agua. Antes de comenzar medita sobre cuál es exactamente el cambio que quieres producir en tu salud. Cuando lo tengas claro, enciende la vela verde y el incienso. Pon las hojas de albahaca y las semillas de girasol dentro del cuenco con agua. Toma la piedra en tu mano, concéntrate en lo que deseas y pásala tres veces por la llama de la vela y otras tres veces por el humo del incienso. Después ponla dentro del cuenco con agua. Tapa el cuenco con ambas manos y medita de nuevo sobre el estado de salud que deseas. Saca la piedra del agua y úngela con el aceite de oliva. Guarda la piedra, junto al puñado de sal, dentro de la tela blanca y déjala en un lugar tranquilo durante veinticuatro horas. Pasado ese tiempo, deshazte de la tela y la sal, y lleva la piedra siempre contigo hasta que tu salud comience a mejorar.

Ritual de sanación del huevo y la orina

Cuece un huevo en la orina de la persona enferma. Una vez cocido, quítale la cáscara y entiérralo en un hormiguero. La enfermedad desaparecerá cuando las hormigas se hayan comido el huevo.

Ritual egipcio
de sanación

Para este ritual necesitarás un trozo de cuerda roja que puedas usar como brazalete, una barra de incienso, una vela verde, un vaso de cristal verde con agua y un poco de sal. Enciende la vela y el incienso, y anuda la cuerda siete veces. Con cada nudo deberás pronunciar el nombre de las siguientes diosas: Isis, Astarte, Hecate, Diana, Demeter, Kali e Inanna. Cuando los nudos estén listos, pasa la cuerda por el humo del incienso, por la llama de la vela, por encima del vaso con agua y finalmente por la sal. Sopla tres veces sobre la cuerda y átatela en la muñeca.

Ritual galés
de sanación

Este ritual deberá ser realizado de noche con la luna en fase menguante. Pon una moneda de oro o plata dentro de una copa de vino tinto y déjala en la ventana, a la luz de la luna, toda la noche. Bebe, cada noche, un tercio de la copa durante tres noches seguidas.

Ritual de sanación
de las hadas

Antiguamente en la región de Cornualles se creía que en las grandes piedras alargadas llamadas Men-al-Tol vivían hadas con capacidad para sanar a los humanos. El enfermo tenía que rodear la piedra nueve veces para lograr la sanación. Si no podía desplazarse al lugar, bastaba con que algún familiar suyo quemara cerca de la piedra una vela a la que previamente le hubiera grabado con una tachuela su nombre.

Ritual de sanación a distancia

Con el siguiente ritual podrás enviar vibraciones de sanación al familiar o amigo enfermo que viva lejos de ti. En un sobre pequeño de papel escribe la palabra «salud» y debajo el nombre completo de la persona enferma. Mete dentro del sobre dos hojas de laurel, un trozo de canela y nueve semillas de girasol. Cierra el sobre y arrójalo al fuego. Cierra los ojos y, mientras imaginas que el humo llega a esa persona, pide que sane.

Ritual de sanación del agua

Escribe sobre una tela o un trozo de pergamino el nombre de la persona enferma y la palabra «salud» con pintura soluble al agua y un pincel. Cuando esté seco, llena una palangana con agua y «lava» la tela o el trozo de pergamino en ella hasta que las letras se hayan disuelto. Llena un vaporizador con esa agua y espárcela en la habitación de la persona enferma.

Ritual para evitar que los niños se hagan pis en la cama

Si has probado de todo y tus hijos siguen haciéndose pis en la cama, prueba a poner una cebolla entera entre sus sábanas. Acuérdate de renovarla cada día.

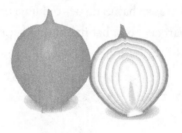

Ritual para aliviar los síntomas de las enfermedades graves

Algunos tratamientos para ciertas enfermedades son altamente debilitantes y agotan la energía vital de forma acelerada. Este ritual no hará que la enfermedad desaparezca, pero te ayudará a mantener un buen nivel de energía durante el periodo de tratamiento, lo cual puede influir positivamente en el proceso de sanación. Pide harina a nueve personas que vivan en diferentes casas. Mezcla las distintas harinas y prepara un bizcocho con ellas. Vete a un cruce de caminos, pide una pronta recuperación y deja allí el bizcocho.

Jarabe mágico para los problemas estomacales

Cuece una raíz de jengibre durante veinte minutos en un litro de agua. Pasado ese tiempo, retira la raíz y guarda el agua. Entierra el jengibre en algún lugar alejado. Disuelve nueve cucharadas de miel en el agua y déjala enfriar a temperatura ambiente. La base del jarabe ya está preparada y para conservarla deberás guardarla en la nevera. Cada vez que tengas problemas de estómago, mezcla en un vaso, a partes iguales, agua mineral con gas y la base del jarabe, y bébetelo.

Ritual para curar los problemas de piel

Consigue una buena cantidad de cantos rodados de río y amontónalos formando una pequeña pirámide en un cruce de caminos transitado. Echa encima un puñado de sal común. Este ritual es adecuado para aliviar eczemas, problemas de piel que cursen con picor y orzuelos.

Bambú para el corazón

Según la tradición china, las plantas de bambú colocadas en la estancia principal de la casa ayudan a mantener un corazón flexible y fuerte. Se dice también que esta planta tiene la capacidad de devolver la humildad a las personas más orgullosas.

Ritual de la nuez para el dolor de cabeza

Unge una nuez con un poco de aceite de girasol y ponla dentro de una caja de plástico hermética junto con tres dientes de ajo, tres semillas de cardamomo y tres hojas de laurel. Cierra la caja y ponla en tu botiquín. Podrás usar la nuez cada vez que te duela la cabeza pasándola por la frente. La nuez perderá eficacia con el tiempo, así que cada seis meses deberás renovarla y repetir el ritual.

Ritual para detener las hemorragias nasales

Si sufres de hemorragias nasales frecuentes, sin ningún motivo o causa aparente, pon un trozo muy pequeño de papel secante (aproximadamente del tamaño de una uña) debajo de la lengua durante dos minutos.

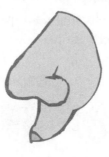

Ritual para conseguir una mayor vitalidad

Si últimamente te sientes apagado, con poca fuerza o sin ganas de hacer nada, este ritual te ayudará a recargar las pilas. Necesitarás un cristal de cuarzo, agua de manantial, un poco de sal y una buena dosis de imaginación. Primero deberás lavar el mineral con el agua de manantial y la sal. Siéntate en un lugar confortable, con el cuarzo en tu mano dominante. Cierra los ojos y toma aire profundamente, sin forzar la respiración, y exhálalo con lentitud. Repite este tipo de respiración hasta que te sientas totalmente tranquilo y en paz. Imagina que el cuarzo irradia una luz vigorosa que entra por tus manos, se instala en tu garganta y desde allí se expande a cada rincón de tu cuerpo. Trata de sentir la fuerza del cuarzo vibrando en todo tu organismo. Cuando consigas sentirla durante unos instantes, abre los ojos y prosigue con tu rutina diaria. Duerme con el cuarzo debajo de tu almohada.

Ritual para las fobias sociales

Quienes tengan dificultades para relacionarse o para estar en lugares concurridos pueden aliviar sus síntomas si se acostumbran a dormir con un cuchillo debajo de la cama. No es necesario que el cuchillo sea de metal, ni que esté afilado; uno de madera o de plástico es suficiente.

Amuleto para superar la negatividad

Si eres de los que siempre ven el vaso medio vacío y te gustaría empezar a ver la vida de una forma más optimista o si estás harto de los pensamientos negativos que, de forma obsesiva, rondan por tu mente, prepárate el siguiente amuleto. Haz una bolsita de tela verde y guarda dentro de ella un trozo de madera fosilizada y una hoja de laurel. Deberás llevar la bolsita siempre contigo, bien en un bolsillo o colgada del cuello con un cordel.

Ritual para reducir el estrés y las preocupaciones

Antes de empezar elige un lugar tranquilo donde nadie te moleste y haz una lista de todos los asuntos que te preocupan. Para el ritual necesitarás tantas velas blancas como preocupaciones hayas apuntado en tu lista. Graba con la ayuda de un alfiler una palabra que represente cada una de tus preocupaciones, una en cada vela. Una vez que hayas grabado todas las velas, colócalas formando un círculo encima de un espejo que esté boca arriba. Haz un círculo con sal común alrededor del círculo formado por las velas. Enciende las velas y déjalas que ardan completamente en un lugar seguro.

Ritual para la torpeza mental

Si últimamente te cuesta hacer operaciones matemáticas o pensar en cosas complicadas que impliquen cierta dosis de razonamiento lógico, limpia el suelo de tu habitación con una infusión de hojas de avellano y coloca una ramita de menta fresca en cada una de las esquinas de la habitación donde duermes.

Ritual para limpiar
el cuerpo astral

Llena la bañera con agua caliente y vierte en ella medio kilo de bicarbonato y medio kilo de sal marina. Remueve el agua hasta que los minerales se hayan disuelto perfectamente y date un baño de media hora. Durante el baño es conveniente que, de vez en cuando, contengas la respiración y te sumerjas totalmente bajo el agua durante unos cinco segundos. Es importante irse a dormir inmediatamente después del baño, por lo que se recomienda tomarlo por la noche. Este ritual te ayudará a deshacerte de las impurezas y la negatividad adherida a tu cuerpo astral, y también te servirá para equilibrar el campo electromagnético de tu cuerpo.

Ritual para aumentar la confianza en uno mismo

Para este ritual necesitarás unos zapatos de piel negra que te pongas con frecuencia. A medianoche, improvisa un altar sobre una mesa o cualquier otro mueble que tengas en casa. Cubre la mesa con una tela de algodón y pon los zapatos encima. Enciende una vela roja y una barrita de incienso en tu altar, y deposita un poco de orégano y unos granos de café dentro de tus zapatos. El orégano te ayudará a limpiar los pensamientos negativos que te hacen perder la confianza en ti mismo y el café impedirá que las opiniones externas negativas te afecten. Por la mañana, retira los granos de café y el orégano del interior de tus zapatos, y después límpialos con un paño blanco y tu propia saliva. Cuando ya estén limpios, sostenlos en las manos durante unos instantes y pronuncia tu nombre tres veces seguidas. Para finalizar, ponte los zapatos y continúa con tu rutina diaria. Puedes repetir este ritual cuantas veces creas necesario.

Ritual para salir del aletargamiento

Si últimamente te sientes poco activo y te cuesta salir de casa, o si notas que te pasas demasiado tiempo tumbado en el sofá delante del televisor y que aunque te apetezca hacer algo diferente al final nunca lo haces porque es como si el sofá tuviera una especie de imán que te atrae irremediablemente, prueba a espolvorear canela molida dentro de tus zapatos antes de ponértelos. Te sentirás más activado y te resultará más fácil salir de tu aletargamiento.

Ritual para aliviar los problemas de salud

Este ritual, de origen africano, está diseñado para cuando nos sentimos agobiados por problemas de salud leves, pero que son molestos y continuados, como, por ejemplo, que a un dolor de muelas le siga otro de cabeza, dos días después tenemos un esguince o nos fracturamos un hueso y a la semana siguiente pillamos la gripe. Deberás comprar un pan dulce (asegúrate de que no contiene sal) y, a medianoche, contarle todos tus problemas al pan. Quéjate de lo cansado que estás de los dolores que padeces y de tu mala racha de salud, sin olvidarte de ningún detalle. Si sientes que la vida no es justa mandándote tantos contratiempos, díselo también al pan. Una vez hayas terminado con tus quejas, sube al tejado de tu casa con el pan en la mano y grita: «Dios, me he quejado a este pan». Después dáselo a un perro o entiérralo lejos de tu casa.

Abracadabra

El origen de esta palabra mágica se pierde en el tiempo, aunque se sabe que los persas ya la usaban para hacer bajar la fiebre. Se cree que encierra el poder de sanar, sobre todo a los niños, si está escrita por una persona de corazón puro sobre la parte trasera de un trozo de papel pautado (las rayas han de quedar por detrás de la fórmula) de la siguiente manera:

A B R A C A D A B R A
A B R A C A D A B R
A B R A C A D A B
A B R A C A D A
A B R A C A D
A B R A C A
A B R A C
A B R A
A B R
A B
A

La persona enferma deberá llevar el papel en un bolsillo o colgado del cuello dentro de una bolsa de tela verde durante nueve días. Pasado ese tiempo tendrá que arrojarlo a un arroyo por encima de su hombro izquierdo. Esta fórmula es válida para todo tipo de enfermedades, con la excepción del asma. En ese caso, ha de escribirse de la siguiente forma:

A
A B
A B R
A B R A
A B R A C
A B R A C A
A B R A C A D
A B R A C A D A
A B R A C A D A B
A B R A C A D A B R
A B R A C A D A B R A

Ritual para los
calambres nocturnos

Si sufres de esos molestos calambres, puedes prevenirlos si colocas un cuenco con agua de manantial debajo de tu cama.

Ritual para
las embarazadas

Para prevenir los abortos y tener un embarazo sin complicaciones, llena una bolsita de tela blanca con caparazones de cangrejo machacados. La embarazada deberá llevarla siempre en sus ropas, cosida o atada con un imperdible.

Ritual para las heridas

Este ritual no sustituye a los cuidados médicos, pero con él conseguirás que las heridas cicatricen mucho más rápido. Antes de practicarlo, lava y venda la herida, o sigue los consejos de un profesional de la salud si la herida es grave. Consigue cinco trozos de madera de pino de igual tamaño y pásalos, uno a uno, sobre la herida. Después arrójalos al fuego.

Ritual para hacer desaparecer las verrugas

Con la luna en fase menguante, corta una patata por la mitad y frota la verruga con ambas mitades. Cuando hayas terminado, une las dos mitades de la patata y átalas con un lazo verde. Entierra la patata en algún lugar lejos de tu casa.

Jade para los riñones

En culturas tan dispares como la europea y la asiática, el jade se ha venido utilizando para proteger y aliviar las enfermedades de los riñones. En Europa, durante la Edad Media, eran muy comunes los amuletos de jade utilizados con este propósito. Si padeces de algún trastorno renal, una piedra de jade colgada del cuello te ayudará a aliviar los síntomas. También es efectivo colocarla cerca de la cama donde duermes o debajo del colchón a la altura de la región lumbar.

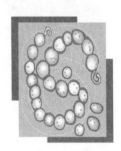

Ritual para aliviar los dolores musculares

Para este ritual vas a necesitar una magnetita y un cuenco con aceite de oliva. Moja la magnetita en el aceite y frota con ella la parte de tu cuerpo dolorida. Repite el proceso hasta que sientas que el dolor comienza a remitir. Desde tiempos remotos se ha considerado que la magnetita tiene capacidad para absorber el dolor y en algunas culturas, hasta hace muy poco tiempo, era común colocar varias magnetitas en la cama de la mujer que iba a dar a luz con el objetivo de aliviar los dolores del parto.

Ritual para aliviar el nerviosismo

Si estás nervioso y te cuesta conciliar el sueño a causa de varios asuntos pendientes o problemas (económicos, familiares o de cualquier otra índole) que no paran de dar vueltas en tu cabeza de forma repetitiva y obsesiva, el siguiente ritual puede ayudarte a calmar tu mente. Coloca en un cuenco de madera con agua de manantial tres cucharadas de comino en polvo. Remueve el comino en el agua con la ayuda de una cuchara y deja que repose durante cuatro días. Pasado este tiempo, cuela el agua y deshazte del comino molido. Empapa varios algodones con el agua y pásatelos por la frente. También es útil poner algún algodón empapado en las esquinas de la habitación donde duermes.

Ritual para hacer bajar la fiebre

Escribe en un papel:

Ochnotinos
Chnotinos
Notinos
Otinos
Tinos
Inos
Nos
Os

Quema el papel en una concha marina o en un recipiente resistente al fuego y apágalo con unos cubitos de hielo.

Ritual húngaro
para los ojos

Este hechizo está indicado para los problemas oculares que cursen con dolor. Ponte de pie delante de un espejo, enciende a tu lado una vela verde, cierra los ojos y recita:

Tengo dos ojos,
tengo dos pies,
dolor de los ojos, vete a mis pies.
Desde los pies, vete a la tierra.
Y en ella disuélvete.

Ritual para frenar
la sinusitis

Para este ritual necesitas un quemador de esencias de los que se usan en aromaterapia. Pon una vela verde en la parte baja del quemador y unos cuantos clavos de olor, un trozo de aloe vera y tres dientes de ajo pelados en el cuenco. Enciende la vela y siéntate cerca del quemador para inhalar la mezcla hasta que la vela se haya consumido.

Varios

Ritual para la lotería

Si juegas a la lotería, coloca una pirámide hueca encima del boleto en la zona norte de tu casa. Puedes reforzar este ritual si antes de comprar el boleto colocas, durante siete días, la cantidad de dinero destinada a comprarlo debajo de la pirámide.

Ritual para tener suerte en los juegos de azar

Pon una hoja de acebo y cinco bayas dentro de una bolsa de tela negra. Añade un mineral de ojo de tigre. Deposita unas gotas de tu propia saliva en la bolsa y después átala con nueve nudos. Mientras haces cada nudo visualiza cómo tu suerte en el juego va mejorando. Lleva la bolsa siempre contigo.

Amuleto para los
negocios arriesgados

Haz un pequeño agujero en uno de los extremos de una nuez moscada y deposita dentro una gota de mercurio. Sella la nuez moscada con lacre o cera roja, y unge su exterior con unas gotas de aceite de sándalo. Guárdala dentro de una bolsita de franela roja. Este amuleto tiene la propiedad de favorecer la suerte en los negocios arriesgados, con grandes sumas de dinero en juego, pero para que sea efectivo deberás contemplar ciertas normas de uso: durante el día lleva siempre el amuleto contigo, de noche déjalo entre tus pertenencias personales en la misma habitación donde duermes, trátalo con respeto y no se lo muestres a nadie, y por último si se te cae al suelo, deshazte de él.

Ritual para emanar belleza

Elige una raíz de jengibre bonita que llame tu atención. Ata un lazo rojo a su alrededor y guárdala dentro de una bolsita de tela roja. Llevarla contigo te aportará un toque especial de belleza y elegancia.

Ritual para descubrir
la belleza de uno mismo

Este ritual deberá practicarse por la mañana, mediodía y noche, idealmente en el mes de junio. Por la mañana, tras levantarte, lávate la cara con una mezcla de agua de rosas y miel. Al mediodía, llena la bañera con agua caliente y frótate el cuerpo con los pétalos de tus flores favoritas, mientras dejas que los rayos de la luz del sol se filtren a través de los cristales de la ventana de tu cuarto de baño. Por la noche pon un espejo grande cerca de una ventana por donde pase la luz de la luna. Desnúdate y cúbrete el cuerpo con una tela blanca confeccionada con un material natural, como seda, algodón o lino. Apaga todas las luces y siéntate delante del espejo. Percibe la luz de la luna reflejándose en el espejo y en tu cuerpo.

Ritual de Hécate para tomar decisiones

Si necesitas tomar una decisión urgente, con este ritual puedes obtener una guía especial. Necesitarás dos varillas de madera de diez centímetros aproximadamente, un trozo de cuerda roja y una vela negra. Enciende la vela mientras dices: «Hécate, bendice este ritual y aleja a su practicante de todo mal». Haz una cruz con las varillas y átalas con una cuerda roja. Sostén la cruz encima de la vela y repite las palabras anteriores. Duerme con la cruz debajo de la cama durante siete días seguidos. Pasado ese tiempo deberás dejarla en un cruce de caminos sin que nadie te vea.

Ritual para mantener la fuerza de las ideas

¿Te ha pasado alguna vez que te surge una buena idea, te entusiasmas, planeas cómo llevarla a cabo y al poco tiempo, cuando vislumbras el mínimo obstáculo, pierdes la fe y tu proyecto te empieza a parecer una locura irrealizable? Para evitar que esto suceda y mantener la fuerza inicial de tus ideas y proyectos, anota la hora exacta de cuando se te ocurrió y enciende una vela a esa misma hora durante treinta días consecutivos. Durante el tiempo que la vela permanezca encendida medita sobre la idea inicial y anota cualquier cambio que se te ocurra para apoyar la viabilidad de tu proyecto.

Ritual para proteger
a un recién nacido

Este ritual, además de protección, atrae la buena fortuna para el recién nacido y se dice que le hace más inteligente. Deberás atar varios clavos de olor con un hilo rojo y colocarlo en la pared, frente a la cuna.

Ritual para anular
un hechizo propio

Puedes practicar este ritual si te arrepientes de los resultados de un hechizo anterior. Pongamos como ejemplo que has hecho un ritual para que determinada persona no te visitara más y que con el paso del tiempo, te has dado cuenta de que echas de menos a esa persona y deseas que vuelva a visitarte. Para anularlo, tendrás que quemar una vela al revés. Corta dos centímetros del final de una vela amarilla con cuidado para no cortar la mecha. Dale la vuelta y enciéndela por el final. Mientras la vela arde imagínate que logras el resultado deseado y que la situación vuelve a ser la misma que antes de haber practicado el primer ritual.

Ritual para darle la vuelta a un hechizo ajeno – I

Si sospechas que has sido objeto de algún hechizo o ritual, puedes lograr que el resultado revierta en la persona que lo ha practicado. Sitúate delante de la parte interior de la puerta principal de tu casa con un coco en las manos. Mira el coco durante unos instantes. Cierra los ojos mientras imaginas como toda la negatividad sale de tu cuerpo a través de tus manos y va a parar al interior del coco. Cuando sientas que ya es suficiente, abre la puerta de tu casa y deposita el coco en el suelo de la calle. Dale una patada (asegúrate antes de que no haya nadie cerca) mientras le gritas: «Lárgate inmediatamente de aquí y no vuelvas jamás». Regresa a tu casa y haz una buena limpieza general. Después quema un par de velas blancas y cámbiate de ropa.

Ritual para darle la vuelta
a un hechizo ajeno – II

Este ritual es especialmente efectivo para revertir los hechizos ajenos que desembocan en una racha de mala suerte económica. Si sospechas que éste es tu caso, no dudes en practicarlo. Llena hasta la mitad una taza de porcelana blanca con tierra o arcilla y di: «Que la tierra absorba todo lo que es enviado contra mí». Deja la taza en una esquina de tu dormitorio durante una semana. Pasado ese tiempo, abre la puerta principal de tu casa y arroja la tierra a la calle. Deja la taza vacía al lado de la puerta durante veinticuatro horas antes de lavarla con agua fría. Puedes repetir este ritual cuantas veces quieras.

Ritual para prevenir el mal de ojo

Si quieres protegerte contra el mal de ojo, cuelga ramas de eneldo en todas las ventanas y en la puerta principal de tu casa. También puedes colgar una rama en la fachada exterior, al lado de la puerta principal.

Ritual para neutralizar la envidia

Si estás pasando un mal momento y sospechas que la envidia que despiertas en alguien está relacionada con tu racha de mala suerte, puedes neutralizar su efecto si arrojas un puñado de tierra sobre un lugar donde esa persona haya pisado tras despedirse de ti.

Protección para iniciar cualquier cambio

El brezo aporta una protección especial ante los cambios significativos en la vida. Si estás a punto de comenzar en un nuevo trabajo, vas a montar tu propia empresa o en general vas a afrontar un nuevo reto, lleva una ramita de brezo contigo. El ramo de una novia debería incluir siempre una rama de brezo para proporcionar protección al nuevo matrimonio.

Ritual urgente para recuperarse de una experiencia traumática

Si te han dado una mala noticia, te has asustado o has tenido una experiencia desagradable, este ritual te ayudará a recuperar la serenidad para poder actuar en consecuencia. Busca un cuarzo blanco y guárdalo dentro de una bolsa de tela blanca. Pon la bolsa con el cuarzo y toda la ropa que llevabas en el momento que sufriste la experiencia negativa dentro de la lavadora y ponla en marcha con un programa de lavado largo y sin centrifugado.

Ritual para desarrollar tu carisma

Este ritual deberá practicarse durante el mes de junio. Toma baños de sol vestido por completo de color amarillo, desde las doce hasta las doce y media del mediodía, a lo largo de siete días seguidos. Durante las noches deberás colocar la ropa amarilla con la que has tomado el sol debajo de tu almohada.

Ritual para desarrollar las cualidades de la persona que admiras

¿Admiras la inteligencia de Albert Einstein, el espíritu aventurero de sir Edmund Hillary, la compasión del Dalai Lama o la belleza de Angelina Jolie? Consigue una fotografía de la persona que admiras y escribe en el reverso la cualidad que a ti te gustaría desarrollar. Pon la foto entre dos hojas de laurel, átalo todo con una cuerda roja y guárdalo dentro de una bolsa de tela blanca. Lleva siempre la bolsita contigo, idealmente colgada del cuello.

Ritual para desbloquear
la creatividad

Si en el pasado practicaste la pintura, la escritura o cualquier otra forma de expresión artística, pero últimamente te sientes incapaz de retomar esa actividad a pesar de tus múltiples intentos, te aconsejo el siguiente ritual a fin de desbloquear tu fuerza creativa. Primero escribe algo corto —con dos líneas sobre una hoja de papel es suficiente—, sin preocuparte si tiene sentido (puede ser una sucesión de palabras inconexas) y entierra el papel en una maceta o en un jardín. Después llena la bañera con agua caliente, unas gotas de aceite esencial de vetiver y todos los juguetes de goma que encuentres. Si son los típicos patitos de goma amarillos, mucho mejor. Date un buen baño de media hora mientras tiras con fuerza, una y otra vez, los juguetes en el agua y dejas que las gotas te salpiquen la cara y las paredes del cuarto de baño. Sal del baño y antes de secarte canta una canción a pleno pulmón. Termina este ritual realizando un dibujo sencillo, pero con varios colores, y arrojándolo después al fuego.

PARTE II

Crea tus propios

Rituales

Todas las cosas inferiores dependen de las superiores y, de algún modo, están unas dentro de otras, esto es, las de arriba en las de abajo y las de abajo en las de arriba. Así, en el cielo hay cosas terrenas en su aspecto celeste, es decir, en la causa, y en la tierra hay cosas celestes en su aspecto terrestre, en su efecto.

Enrico Cornelio Agrippa (1485-1535)

Basándose en los principios de «como es abajo, es arriba» y «el microcosmos refleja el macrocosmos», los magos del Renacimiento trataban de controlar la naturaleza a través de ciertas propiedades espirituales ocultas de la materia. La magia blanca se sustenta sobre la idea de que un espíritu universal da vida a los cuatro elementos: tierra, agua, fuego y aire. Éstos, a su vez, se encuentran conectados y combinados entre sí, dando forma a todo lo que vemos. El gran filósofo del Renacimiento Enrico Cornelio Agrippa hablaba de un universo triple: elemental, celeste e intelectual, y señalaba que la labor del mago es ascender desde el universo elemental (material) hasta el universo intelectual, lugar original donde todo es creado. La puerta de acceso a ese poder radicaba en el conocimiento de las propiedades mágicas o virtudes ocultas de los elementos del universo básico y en la adecuada combinación de los cuatro elementos. Se dice de la tierra que no se transforma, sino que se disuelve o se mezcla con el resto de los elementos y que es seca y fría; es fértil si se halla en equilibrio, generadora de vida y de nutrición; es la base sin la cual la vida sería imposible. El agua ablanda e hincha la tierra, es fría y pasiva; es la emoción y lo que nos hace sentir vivos; hace germinar a las plantas y, al igual que la tierra, es dadora de vida. El fuego es transparente, volátil y está en perpetuo movimiento; es luminoso, independiente y tiende a manifestar su grandeza; nadie puede tocarlo y es poderoso. El aire es el espíritu unificador de todas las cosas del universo, es permeable, activo y el más móvil de los elementos; representa el mundo mental, el pensamiento puro.

La tradición china domina el arte del equilibrio entre los elementos a la perfección, y prueba de ello es que el feng-shui, basado en la correcta combinación de los cuatro elementos, es una de las artes mágicas más efectivas del planeta. Según esta tradición, por ejemplo, para solucionar un problema económico (que no es otra cosa que un déficit del elemento tierra) ocasionado por un exceso del elemento agua, bastaría con contrarrestar las zonas con exceso de agua con alguna representación del elemento tierra. A continuación tienes algunas correspondencias para cada uno de los elementos:

Tierra: Se corresponde con el Norte geográfico, el color verde y la medianoche.

Fuego: Se corresponde con el Sur, el color rojo y el mediodía.

Agua: Se corresponde con el Oeste, el color azul y el anochecer.

Aire: Se corresponde con el Este, el color amarillo y el amanecer.

Usando materiales que pueden encontrarse en la naturaleza, obtendremos fácilmente representaciones de cada uno de los cuatro elementos para combinar adecuadamente, y en una proporción correcta que garantice el equilibrio, a fin de lograr el resultado buscado en el ritual. Las piedras pertenecen al elemento tierra, los metales al agua, los animales representan la fuerza del fuego y las plantas el aire. Además, algunos objetos tienen propiedades ocultas independientes del elemento, que a veces pueden revelarse a través de la forma o el color: el laurel tiene la propiedad de atraer los deseos, el topacio de curar los problemas circulatorios, la esmeralda aporta equilibrio, etc. Algunos tienen la virtud de absorber las enfermedades o las situaciones que no queremos, otros de catalizar las reacciones deseadas y algunos, los menos, de atraer hacia nosotros aquello que deseamos.

Otro tipo de magia, originalmente ya utilizada en la prehistoria pero que se está imponiendo cada vez más en la actualidad, se basa en la idea de que la mente inconsciente es muy permeable a los símbolos y no puede distinguir entre realidad y ficción, de ahí que algunos rituales tomen la forma de representaciones de aquello que deseamos lograr.

Seguidamente tienes un pequeño resumen de las propiedades ocultas de algunos elementos comunes en los rituales de magia blanca que te será de gran ayuda a la hora de elaborar tus propios rituales.

Usos mágicos de los minerales
y piedras preciosas

ÁGATA: Trasmutadora. Beneficiosa para el estómago y útil para aceptar las emociones.

AGUAMARINA: Adecuada para los problemas de garganta, mandíbula, dientes y cuello. Proporciona claridad mental y ayuda a eliminar líquidos en caso de retención.

ALEJANDRITA: Ideal en casos de baja autoestima y de falta de concentración. Calma el sistema nervioso central. Beneficiosa para el páncreas.

AMATISTA: Calma el dolor de cabeza, estimula el tercer ojo, facilita la apertura espiritual, la paz interior y la meditación.

ÁMBAR: Aplaca la ansiedad, ayuda a recuperar la memoria y a tomar decisiones.

AVENTURINA: Efectiva en caso de enfermedades psicosomáticas, miedos irracionales y problemas de piel. Ayuda a desarrollar una actitud positiva y optimista ante la vida. Atrae la riqueza y la prosperidad.

AZURITA: A nivel físico ayuda a paliar los dolores artríticos y a nivel mental a deshacerse de los pensamientos dolorosos y los bloqueos psíquicos.

BERILIO: Útil en casos de pereza y aletargamiento. Alivia el dolor de ojos.

CALCEDONIA: Para tratar la melancolía y la tristeza. Estimula la creatividad y los sentimientos maternales.

CRISOLITA: Aporta inspiración y ayuda a desarrollar la videncia y el don de la profecía.

CUARZO AHUMADO: Limpia el cuerpo astral y estimula la energía kundalini. Adecuado en casos de hiperactividad.

CUARZO BLANCO: Transmisor y amplificador de energías curativas. Proporciona claridad y equilibrio mental. Canalizador universal.

CUARZO CITRINO: Limpia las vibraciones negativas del ambiente. Aporta claridad y creatividad; útil en casos de tendencias autodestructivas. Equilibra el corazón, el hígado y los riñones.

CUARZO ROSA: Abre el chakra del corazón. Útil para tratar heridas emocionales y para aceptarse a uno mismo. Disipa el enfado y la ira.

DIAMANTE: Adecuado para los problemas mentales. Ayuda a eliminar toxinas. Equilibra la glándula pituitaria y pineal.

ESMERALDA: Proporciona equilibrio mental y paciencia. Desarrolla la videncia.

FLUORITA: Ayuda a desarrollar las capacidades mentales y el intelecto. Adecuada para tratar problemas óseos.

HEMATITE: Purifica la sangre. Protege el cuerpo astral y ayuda a desarrollar la autoestima.

JADE: Equilibra y protege los riñones. Fortalece el cuerpo y aporta longevidad.

JASPE: Útil en casos de estreñimiento crónico. Ayuda a equilibrar el aura.

LAPISLÁZULI: Para tratar problemas de garganta y de comunicación verbal. Ayuda a disolver los bloqueos mentales.

MALAQUITA: Ayuda a eliminar las impurezas psíquicas y emocionales. Protege contra el mal de ojo y la envidia.

OBSIDIANA: Proporciona protección física. Ayuda a estabilizar el estómago.

OJO DE TIGRE: Contribuye a centrar la mente y a «tomar tierra». Ideal para abrir negocios.

ÓNIX: Ayuda a controlar las emociones, las pasiones desbordantes y los pensamientos negativos. Para la apatía. Fortalece las uñas, el cabello y la piel.

ÓPALO: Equilibra los dos hemisferios cerebrales. Útil para asimilar experiencias místicas.

PERLA: Eficaz para tratar desequilibrios emocionales y abrir el corazón.

PIRITA: Purificador de la sangre y del hígado. Ayuda a «tomar tierra» tras un periodo de esfuerzo mental prolongado.

RUBÍ: Protege el corazón. Útil para encontrar un equilibrio entre el amor y el desarrollo espiritual.

TOPACIO: Equilibra las emociones, aporta coraje, ayuda a regenerar la piel, mejora los problemas circulatorios y aumenta el apetito. Rejuvenecedor físico y espiritual.

TURMALINA: Disipa el miedo y la negatividad. Calma la mente y proporciona concentración y elocuencia. Ayuda a conciliar el sueño.

TURQUESA: Protege de las enfermedades, ayuda a absorber mejor los nutrientes de los alimentos y facilita la comunicación verbal. Renovadora celular y rejuvenecedora.

ZAFIRO: Favorece la paz interior, la iluminación y es un potente antidepresivo. Ayuda a desarrollar la telepatía y la videncia. Protector del cuerpo astral.

Usos mágicos de las plantas

Atención: sólo para uso externo y en rituales

AGRIMONIA: Ayuda a disolver los miedos.

ALBAHACA: Limpia los ambientes cargados. Protege de las agresiones psíquicas del exterior.

AJO: Elimina los pensamientos negativos y la depresión. Catalizador y protector. Ayuda a que el dinero no se vaya de nuestras manos y protege frente al mal de ojo.

ALOE: Aporta paciencia.

ARTEMISA: Favorece el trance y los sueños premonitorios.

ASAFÉTIDA: Mantiene alejadas las energías negativas y las malas vibraciones.

AVELLANA: Aporta sabiduría interior y estimula la mente.

CAFÉ: Protege de la negatividad externa.

CALÉNDULA: Condensa la fuerza astral y protege el cuerpo físico.

CANELA: Para rituales de purificación, protección y prosperidad. Protege de la envidia.

CARDAMOMO: Calma los ambientes y las emociones. Ayuda a que las personas se abran y se vuelvan comunicativas.

CARDO: Absorbe y elimina las influencias negativas.

CASTAÑO: Vuelve generoso a su portador.

CEREZA: Favorece la autodisciplina.

CLAVO: Protección frente a los agentes externos.

HIPÉRICO: Utilizada por los druidas para limpiar el cuerpo astral de influencias negativas. Protectora de personas y ambientes.

HISOPO: Aligera los ambientes cargados. Limpieza emocional.

JENGIBRE: Acelera y refuerza los rituales, crea cambios rápidos. Catalizador.

LAUREL: Gran catalizador. Atrae aquello que deseamos.

LIMA: Calma los ambientes cargados. Apaciguadora de las emociones fuertes. Útil para relajar a los niños hiperactivos.

LIMÓN: Silencio y claridad mental.

LIRIO: Aporta carisma y atractivo. Útil en la elaboración de amuletos de amor.

MARGARITA: Se dice que dormir con una margarita debajo de la almohada ayuda a recuperar a un amante.

MATE: Mantiene alejados a los espíritus errantes. Limpia el cuerpo astral.

MENTA: Estimula y refresca la mente.

MILENRAMA: Atrae el amor y abre el corazón.

MIRTO: Atrae influencias espirituales positivas.

NARANJA: Apertura emocional.

NUEZ: Para romper o replantearse relaciones deterioradas. Dolores de cabeza y problemas mentales.

NUEZ MOSCADA: Aporta expansión y alegría al ambiente. Ayuda a aumentar la confianza en uno mismo.

ORÉGANO: Limpieza mental, elimina pensamientos negativos.

PEREJIL: Ayuda en los problemas económicos y protege el hogar de las crisis.

PEONÍA: La raíz atrae la buena suerte en el amor y el dinero. Nunca deberán usarse semillas de peonía en los rituales, ya que se dice que éstas son portadoras de desgracias.

Romero: Gran limpiador de energías indeseadas. Protege y purifica el lugar del ritual y a la persona que lo practica. Ayuda a mejorar la memoria. Aporta tranquilidad a los niños.

Rosa: Gran purificador. Ayuda a abrir el chakra del corazón y elimina pensamientos obsesivos y negativos.

Ruda: Protege de los espíritus negativos, atrae el dinero y las riquezas y se considera que si se quema durante un ritual, su humo vuelve virtuoso y voluntarioso al que está cerca. Atrae aquello que deseamos.

Salvia: Aporta sabiduría para resolver problemas y conflictos. Destruye las falsas ilusiones, proporciona claridad mental y resolución.

Sándalo: Útil para realizar ofrendas y para conectar con las fuerzas naturales.

Verbena: Proporciona paz interior y alegría, y elimina los pensamientos maliciosos.

Usos mágicos de los aceites

ACEITE DE ALMENDRAS: Útil para los rituales de amor y donde se requiere estabilidad mental. También atrae el dinero y la buena suerte en general.

ACEITE DE CACAHUETE: Para los rituales donde se necesita hacer una fuerte «toma de tierra». Ayuda a tomar conciencia de las necesidades físicas, útil para aquellos absortos en cuestiones espirituales y que descuidan su cuerpo. Atrae el dinero, el trabajo y aporta vitalidad. Ideal como aceite de masaje en personas muy debilitadas.

ACEITE DE GIRASOL: Base para los rituales de sanación. Aporta fortaleza y curación.

ACEITE DE OLIVA: Adecuado para los rituales que tengan que ver con el dinero y los juegos de azar. Aporta buena suerte.

Usos mágicos de los aceites esenciales

**Atención: sólo para uso externo y en rituales.
No ingerir**

ACEITE ESENCIAL DE AGUACATE: Atrae la riqueza y la prosperidad.

ACEITE ESENCIAL DE ALBARICOQUE: Une a los amantes.

ACEITE ESENCIAL DE ANÍS: Favorece la videncia.

ACEITE ESENCIAL DE AZALEA: Aporta carisma y atractivo.

ACEITE ESENCIAL DE AZUCENA: Disipa los enfados y el mal humor.

ACEITE ESENCIAL DE BERGAMOTA: Protege el cuerpo físico.

ACEITE ESENCIAL DE BREZO: Atrae el dinero a tu cartera.

ACEITE ESENCIAL DE CANELA: Atrae el dinero y el amor.

ACEITE ESENCIAL DE CEDRO: Protege de la mala suerte económica en épocas de crisis.

ACEITE ESENCIAL DE CHOCOLATE: Se dice que ablanda el corazón de los enemigos.

ACEITE ESENCIAL DE CIPRÉS: Aporta paz y tranquilidad, especialmente a los niños.

ACEITE ESENCIAL DE CITRONELLA: Atrae las buenas amistades al hogar.

ACEITE ESENCIAL DE CLAVO: Atrae nuevos amantes. Afrodisíaco.

ACEITE ESENCIAL DE COCO: Resuelve problemas económicos con rapidez.

ACEITE ESENCIAL DE CRISANTEMO: Restablece la fuerza interior.

ACEITE ESENCIAL DE FRAMBUESA: Protege a las embarazadas.

ACEITE ESENCIAL DE GARDENIA: Protector frente a los enemigos.

ACEITE ESENCIAL DE GERANIO: Rompe y anula el mal de ojo.

ACEITE ESENCIAL DE HIBISCO: Favorece la concentración y la sabiduría.

ACEITE ESENCIAL DE IRIS: Hace más atractivo a su portador.

ACEITE ESENCIAL DE JAZMÍN: Para los rituales de amor, atrae al amante deseado.

ACEITE ESENCIAL DE LAUREL: Purificador del alma.

ACEITE ESENCIAL DE LAVANDA: Hace acallar las habladurías y los cotilleos. Lleva paz al hogar.

ACEITE ESENCIAL DE MAGNOLIA: Ayuda a desarrollar la clarividencia y otros poderes psíquicos.

ACEITE ESENCIAL DE MANZANA: Aporta paz mental y alegría.

ACEITE ESENCIAL DE MIMOSA: Atrae los acontecimientos deseados y convierte en realidad los sueños.

ACEITE ESENCIAL DE MIRRA: Protege frente al mal de ojo.

ACEITE ESENCIAL DE NARANJA: Atrae propuestas de matrimonio.

ACEITE ESENCIAL DE NARCISO: Disipa las pesadillas nocturnas, ayuda a tener sueños felices.

ACEITE ESENCIAL DE NUEZ MOSCADA: Disuelve maleficios, rachas de mala suerte y protege de los gafes. Atrae la buena suerte en el juego.

ACEITE ESENCIAL DE ORQUÍDEA: Favorece la concentración y ayuda a no dispersarse cuando hay un problema por resolver.

ACEITE ESENCIAL DE PAPAYA: Promueve la amistad.

ACEITE ESENCIAL DE PINO: Tiene propiedades limpiadoras y purificadoras. Ayuda a tomar conciencia de los errores cometidos en el pasado y a repararlos.

ACEITE ESENCIAL DE PIÑA: Ayuda a recuperar la pareja.

ACEITE ESENCIAL DE ROMERO: Favorece la sanación, especialmente del corazón a nivel físico, mental y emocional. Aclara el pensamiento.

ACEITE ESENCIAL DE SALVIA: Desarrolla la videncia y favorece el don de la profecía.

ACEITE ESENCIAL DE SÁNDALO: Acelera y promueve la sanación. Protege y aporta claridad mental.

ACEITE ESENCIAL DE TRÉBOL: Garantiza la fidelidad de la pareja.

ACEITE ESENCIAL DE VAINILLA: Aporta felicidad y atrae la buena suerte.

ACEITE ESENCIAL DE VERBENA: Disuelve el mal de ojo y la envidia. Protector.

ACEITE ESENCIAL DE VETIVER: Protege de los agentes externos con malas intenciones.

ACEITE ESENCIAL DE VIOLETA: Aporta paz y felicidad a la pareja, y fortalece los matrimonios.

ACEITE ESENCIAL DE YLANG-YLANG: Ayuda a atraer la atención de los demás.

Fases lunares

Luna creciente: Esta fase nos encamina y empuja hacia proyectos que impliquen la construcción de algo nuevo. Puedes utilizarla para crear una renovada fortaleza física y espiritual, o para lograr mayores riquezas materiales. La energía de la luna creciente nos reconecta con la tierra y nos hace ocuparnos de los asuntos relacionados con nuestra supervivencia: el cuerpo, el dinero, el sexo, la familia y nuestra casa. Así pues, está indicada para celebrar rituales que tengan que ver con la prosperidad, la fertilidad, el fortalecimiento del cuerpo, la búsqueda de casa, etc.

Luna llena: Es la fase más intensa de la luna y dura aproximadamente tres días. Ideal para los rituales de cambio y de sanación. También es adecuada para trabajar los bloqueos emocionales y psíquicos, ya que en esta fase somos más conscientes de nuestros problemas. La fuerza de la luna llena revela todo aquello que permanece dormido en nuestro interior: nuestros miedos ocultos y nuestras emociones no aceptadas. La memoria de sucesos traumáticos que está aletargada en lo más recóndito de nuestro subconsciente suele aflorar durante la fase de luna llena. Es un momento perfecto también para celebrar rituales de amistad y de fortalecimiento de las relaciones.

LUNA MENGUANTE: Los rituales de purificación y limpieza deberían realizarse durante esta fase lunar. También todos aquellos que busquen una disminución de una condición actual: para eliminar gradualmente una adicción, para deshacernos de una persona conflictiva, etc.

LUNA NUEVA: Esta fase es ideal para la interiorización y el conocimiento de uno mismo. Nos brinda la oportunidad de centrarnos en nosotros para poder renacer en la siguiente fase lunar. Los rituales de autoaceptación y de belleza son más efectivos si se practican con la luna nueva.

Velas

VELAS ROJAS: Adecuadas para rituales relacionados con la fuerza vital, el coraje, la sexualidad, la pasión, la protección, el amor y la energía física.

VELAS NARANJAS: Útiles para atraer hacia nosotros objetos, situaciones o personas influyentes que nos favorezcan.

VELAS ROSAS: Aportan compasión, tranquilidad, amistad y amor hacia uno mismo. Ideales para los rituales de autoestima.

VELAS VERDES: Úsalas en tus rituales para atraer dinero, prosperidad, empleo, fertilidad y sanación.

VELAS AMARILLAS: Para desarrollar los poderes psíquicos. Proporcionan elocuencia, capacidad comunicativa y confianza en uno mismo. Favorecen la concentración y la atención.

VELAS MORADAS: Crean el clima idóneo para la meditación y las actividades espirituales. Favorecen la sanación en casos de enfermedad grave.

VELAS AZULES: Nos brindan paz, paciencia, felicidad y sanación psíquica. Útiles en casos de insomnio.

VELAS NEGRAS: Absorben la negatividad del entorno. Úsalas en los rituales para eliminar energías negativas, malos hábitos y enfermedades.

VELAS BLANCAS: Aportan protección y purificación.

Plumas

PLUMA DE ARRENDAJO: Para aliviar dolencias; aporta alegría y sensación de ligereza. Se dice que ilumina las partes más oscuras del alma.

PLUMA DE CUERVO: Se emplea en rituales para deshacerse de situaciones o personas indeseadas.

PLUMA DE PETIRROJO: Útil en los rituales de fertilidad y en todos aquellos en los que busquemos introducir algo nuevo en nuestras vidas.

PLUMA DE CISNE: Purifica y limpia. Desarrolla la bondad y aporta nuevas energías.

PLUMA DE RUISEÑOR: Para acceder a los niveles más profundos de nuestra mente. Desarrolla la sabiduría interior.

PLUMA DE HALCÓN: Tradicionalmente se ha usado para ayudar a identificar enfermedades.

PLUMA DE ÁGUILA: Aporta la fuerza necesaria para enfrentarse a nuevos retos y serenidad. Disipa las energías dañinas.

Curiosidades y usos mágicos
de otros objetos

ABEJAS: Se dice que si una abeja entra por tu ventana, una persona te traerá buena suerte.

CAMPANAS: Tocar una campana antes de iniciar un ritual disipa las energías negativas y crea un ambiente seguro.

CARACOLAS MARINAS: Refuerzan los rituales de protección.

CAURÍ: Esta caracola originaria de Asia se utiliza como elemento principal en muchos rituales relacionados con la riqueza y la prosperidad.

ESCARABAJOS: Fue el amuleto más común en el antiguo Egipto, del que se decía que aportaba buena fortuna y longevidad. Actualmente también se considera un catalizador de la creatividad.

ESTRELLAS: Antiguamente en Europa se creía que los amuletos con forma de estrella de cinco puntas tenían el poder de atrapar y neutralizar las fuerzas malignas.

DELFINES: Las figuras que representan delfines atraen el éxito a los músicos y artistas.

GRILLOS: Los indios nativos americanos consideran que estos animales son portadores de buena suerte y que matarlos acarrea desgracias.

GUANTES: Regala un par de guantes o utilízalos en cualquier ritual para reforzar o recuperar una amistad.

HACHA: En algunas culturas se cree que encontrar un hacha vieja y oxidada atrae el éxito.

HERRADURAS: Utilízalas en rituales para atraer la buena suerte y el éxito en los negocios. Puedes colocarla detrás de la puerta principal de tu casa o negocio, pero recuerda colgarla con las puntas hacia arriba o no será efectiva.

HUEVOS: Son empleados en los rituales de fertilidad y para bendecir al recién nacido.

LAGARTOS: Las figuras que representan lagartos pueden ser utilizadas como amuletos para proteger o sanar la vista. También se cree que un amuleto que represente un lagarto llevado por una mujer embarazada garantiza un buen parto y protege al bebé.

LAPAS: Proporcionan coraje, fuerza y confianza en uno mismo.

LLAVES: Las llaves encontradas son muy utilizadas en rituales gitanos para encontrar un nuevo hogar o un nuevo empleo.

MONEDAS: Si encuentras una moneda cara arriba, es señal de buena suerte. Utilízala para reforzar cualquier ritual relacionado con la prosperidad. Si estrenas un abrigo o una chaqueta, introduce en uno de sus bolsillos una moneda para atraer la riqueza.

NUDOS: Se cree que los nudos de una cuerda tienen el poder de atrapar las energías negativas y bloquearlas. Utiliza una cuerda con nudos cada vez que necesites una protección especial para un ritual.

OREJA DE MAR: Se utiliza para quemar las hierbas en los rituales y se dice que refuerza los poderes de éstas.

OSTRAS: Usada en los rituales propicia el amor y los negocios.

TIERRA: La tierra es un elemento común en los rituales para disolver el mal de ojo y también en los relacionados con la riqueza.

TORTUGAS: En el lejano Oriente se cree que las figurillas que representan tortugas tienen el poder de bloquear la magia negra y se utilizan como protección.

TRÉBOL: Del trébol de cuatro hojas se dice que, además de atraer la buena suerte, previene contra la locura y ayuda a ver el peligro anticipadamente.

VIEIRA: Se utiliza en los rituales relacionados con los viajes.

Índice

Introducción 7

Parte I. Riguales de magia blanca para el hogar 11

    Vecinos 13

    Visitas 29

    Antirrobo 41

    Vender y alquilar 51

    Economía doméstica 63

    Un hogar feliz 87

    Salud 113

    Varios 163

Parte II. Crea tus propios rituales 183